임은경의 딸 정현지로 이번 생을
여행할 수 있게 해 준 엄마, 은경에게

엄마는 나의 최초의 친구였고,

여전히 나의 가장 좋은 친구이다.

- 영화 《미스 리틀 선샤인 (*Little Miss Sunshine*)》

엄마, 은경

정현지 에세이

『엄마, 은경』은 엄마 은경과 일본 홋카이도 여행을 하며 남긴 기록이다. 일주일을 함께하며 평소 느끼지 못했던 감정과 상념에 자주 잠겼다.

엄마의 세월을 여러 번 마주하며 슬픔과 무력감을 느끼기도, 소녀 같은 모습에 사랑스러움을 느끼기도 했다. 엄마와 딸은 흐르는 세월에 따라 언젠가는 헤어져야만 한다. 희미해지다 이내 휘발되어 버릴 여행의 기억. 어떻게든 붙잡아 두고 싶은 마음에 이 책을 쓰게 되었다. 기억이 다 살아 있으면 좋겠다. 세세하게. 엄마의 기억도, 내 기억도.

삼십 년이 넘는 세월을 곁에 있어 준 엄마. 이제는 내가 엄마의 곁에 있어 줘야 함을 느낀다. 나보다 엄마의 시간이 느리게 흘러갔으면 하는 마음을 가져온 여행이었다.

2024년 7월
정현지

목차

당신은 엄마를 잘 알고 있나요? 16

안 힘들고 너무 좋다, 현지야 20

온천을 하며 26

좐박의 별이 빛나는 삿포로 30

여기는 아빠랑 또 오고 싶네 44

머리를 말리며 엄마의 세월을 보았다 58

노천탕 평상에 누워 나눈 대화 64

커피와 녹차 그리고 별사탕 68

고양이 세수 72

내 생애 최고의 쌀밥 76

십분 안에 물건 고르는 법 80

파란 대문과 오렌지색 치마 84

택시 안 시계의 정체 92

온천에 중독된 모녀 96

하코다테행 기차에서의 잠 못 이루는 아침 98

아카렌가 창고와 히치만자카 언덕 102

일본에서 누가 햄버거를 먹나요? 112

엄마의 제안 118

버터 샌드와 커피 한 잔 126

한 바퀴 그리고 두 바퀴 136

책 읽는 사람들 142

배는 부르지만 동구리빵은 먹어야 해 146

은경의 루틴 150

여행을 마치며 154

엄마의 말 171

당신은 엄마를 잘 알고 있나요?

비행기 안에서 엄마와 이야기를 나누고 싶어 가져온 컨셉진 90호 '당신은 엄마를 잘 알고 있나요?'. 엄마의 어렸을 적 꿈은 무엇이었는지, 단짝 친구 다섯 명은 누구인지, 요즘 최대 관심사는 무엇인지 등 평소 생각해 보지 못한 엄마에 관한 질문들이 담겨 있었다.

이제는 눈이 침침하다며 작은 글씨를 읽기 힘들어하는 엄마를 위해 딸들이 질문하고 엄마들이 답변한 인터뷰를 읽어주면서 엄마의 생각을 물어보았다. 엄마와 삼십 년 넘게 살았으면서 모르는 게 이렇게도 많았다니. 나름 친하게 지내는 모녀 사이라고 자부해 왔는데 말이다.

엄마가 어렸을 적 가장 좋아했던 가수는 변진섭이고, 가장 친한 친구인 경희 아주머니 덕분에 고등학생 때 같이 열심히 공부해서 서울로 대학을 올 수 있었다는 이야기도 이날 처음 들었다. 재밌다며 더 질문해달라 하는 엄마를 보니 책을 가져오길 잘했다는 생각이 든다. 평소에 나누지 못했던 이야기를 할 수 있게 해준 질문 덕분에 여행을 떠나기 전보다 엄마를 조금은 더 알게 되었다. 일주일 동안 엄마에 대해 더 알아갈 마음으로, 그동안 들어보지 못한 이야기도 들어볼 생각이다. 엄마가 딸에게 보여주는 진솔한 마음을 세심하게 살피고 기억하고 싶다. 더 늦기 전에.

 이륙 예정 시간보다 이미 사십 분이나 지연되고 있다. 요즘 항공기 연착이 잦아 항공사 불문하고 말이 많다더니 내가 탄 비행기도 예외는 아닌가 보다. 바꿀 수 없는 일에 짜증을 내기보다는 편안한 마음으로 기다리고 있다. 딸이랑 여행하는 게 가장 편하고 좋다는 엄마와 지금, 이 순간을 함께하고 있으니 말이다.

안 힘들고 너무 좋다, 현지야

생각보다 서늘한 삿포로 날씨에 숙소에 들어오자마자 가져온 옷 중 가장 두툼한 가디건을 꺼내 입었다. 혹시 몰라서 가져왔다는 엄마의 스카프가 얼마나 든든하던지. 여행 첫날부터 감기라도 걸렸다가는 큰일이니 최대한 따뜻하게 입고 저녁을 먹으러 나갔다. 숙소에서 걸어서 오분 거리에 있는 삿포로 대표 음식인 '수프 카레'를 파는 가게. 숙소에서 가깝고 구글 평점도 높아서 고른 곳인데 알고 보니 유명한 체인점 중 하나였다.

열 개의 테이블이 놓인 아담한 공간에서 인상 깊었던 건 혼자 밥을 먹고 있는 사람들이 테이블의 절반을 차지하고 있다는 점이었다. 한국보다는 확실히 혼밥 문화가 발달해서인지 테이블마다 생맥주 한 잔을 시켜 놓고 느긋하게 저녁을 먹고 있는 모습이 스스로에게 주는 작은 선물인 것 같아 보기 좋았다.

만석이라 문 앞에 놓인 의자에 앉아 메뉴를 고르고 있는 우리를 보고 외국인임을 알아차린 직원이 처음 건넨 일본어 메뉴판 위로 영어 메뉴판을 건네준다. 각종 야채가 듬뿍 들어간 야채카레 하나, 야채와 닭다리살이 들어간 치킨야채카레 하나, 밥 위에 하얀 치즈가 올라간 치즈밥, 삿포로 클래식 생맥주 350mL 한 잔을 주문했다. 음식이 나오기 전에 먼저 나온 진한 샛노란 색의 생맥주. 새하얀 거품이 삼키지 않아도 알아서 목구멍을 타고 부드럽게 넘어간다. 메뉴판에 '삿포로 클래식 생맥주' 딱 하나만 있고, 다른 맥주나 술은 없었는데 이것만 파는 이유를 충분히 납득할 수 있었다.

처음 먹어보는 수프 카레라 어떤 맛일지 궁금해하며 수저를 들었다. 국물을 한 입 떠서 먹는 순간, 엄마와 둘 다 동그란 눈을 하고서 눈이 마주쳤다. 어떻게 이런 깊고 진한 국물 맛을 낼 수 있는지. 고소하면서도 구수하고 짭조름하기도 하면서 그렇다고 느끼하지는 않고 개운한.

익힌 채소의 식감과 풍미가 살아 있어 씹을 때마다 연근, 가지, 아보카도, 피망, 고추, 단호박, 메추리알, 브로콜리 본연의 맛을 제대로 느낄 수 있었다. 채소가 푸짐하게 들어가 있어 다른 음식 없이도 충분히 배가 불렀다. 맛과 양 모두 훌륭했던 삿포로에서의 첫 끼.

무엇보다 엄마가 정말 맛있게 먹어서 얼마나 다행인지 모른다. 한 달 전, 살면서 처음으로 장염에 걸린 엄마는 그 이후로 겁이 나는지 이전만큼 잘 먹지 못한다. 늘 건강할 줄만 알았는데 쇠약해진 모습을 직접 마주하니 마음이 좋지 않았다.

예전처럼 뭘 먹든 얼마나 먹든 건강하게 마음껏 먹을 수 있었으면 하는 바람. 여행 첫날인 만큼 무리가 되는 일정은 피하고 싶어 숙소 근처 식당에서 저녁을 먹은 게 엄마에게 최고의 선택이 되었다.

"숙소랑 가까워서 너무 좋다, 현지야. 시끄럽지도 않고, 조용하고. 이제 사람 많고 정신없는 곳은 힘들더라고. 밥이 코로 들어가는지 입으로 들어가는지. 수프 카레 국물이 끝내주더라. 간만에 정말 맛있게 먹었네."

맛집으로 유명한 식당보다는 편하게 먹을 수 있는 곳을 찾는 일. 엄마를 위한 할 일 하나가 조용히 마음 한편에 자리 잡았다.

온천을 하며

여행 첫날 저녁, 욕실이 아닌 호텔 이층에 있는 대중 목욕탕인 대욕장에 가서 씻기로 했다. 침대 위에 가지런히 개어 놓은 숙소 전용 실내복으로 갈아입고, 클렌징 티슈와 클렌징폼, 치약과 칫솔, 바디 타올을 챙겨 내려갔다. 초등학생 때 부모님과 온천에 간 것이 마지막 기억이니 거의 이십 년 만에 목욕탕에서 씻는 것 같다. 어렸을 적 매년 가던 놀이공원을 성인이 된 후 몇 년 만에 가는 것처럼 설레는 기분이랄까.

챙겨온 클렌징 티슈와 폼으로 화장을 깨끗이 지우고 이도 닦은 뒤, 뜨끈한 물로 씻고 나서 몸을 담글 준비를 한다. 탕에 들어가기 전에 손부터 살짝 넣어본다. 뜨끈하다 못해 손가락이 빨개질 정도로 뜨겁다. 천천히 발과 다리를 담그고, 그 다음엔 가슴 아래, 계단을 내려가 목까지 천천히 몸을 담갔다. 몸이 벌겋게 익는 게 느껴진다. "아, 좋다."라는 말이 절로 나온다. 나와 같은 마음이라는 듯 가만히 눈을 감고 있는 엄마.

하루의 피로, 아니, 한국에서부터 데려온 불안과 걱정을 한 번에 몰아낸 기분이다.

오랜만에 느껴보는 안락과 평온. 유명한 명소에 가지 않아도, 웨이팅을 해야 하는 맛집에 가지 않아도 이런 게 여행하면서 누릴 수 있는 확실한 행복이 아닐까. 여행이 아니었다면 겪지 못했을 경험을 함께 해보는 것. 이렇게 좋은 걸 그동안 놓치고 살았구나 새삼 깨닫는 것. 나도 모르게 "아, 좋다."라는 말이 절로 나오는 순간을 자주 맞이하는 것.

밤 열한 시가 다 되어가는 시간. 씻고 나서 몸이 노곤한지 엄마는 벌써 코를 골며 자고 있다. 평소에는 잘 골지도 않는 코까지 골면서. 자정은 지나야 잠에 드는 엄마인데 여행이 피곤하긴 한가 보다. '또 언제 듣나' 생각하니까 코 고는 소리도 듣기 싫지 않다. 얼마든지 골아도 좋으니 깨지 않고 푹 잠에 들기를 바라는 마음.

내일은 아침 일곱 시부터 부지런히 움직여야 하니 일찍 잠자리에 들기로 한다. 엄마와 떠난 여행의 첫날이 저물어간다.

찬박의 별이 빛나는 삿포로

홋카이도로 여행을 떠나기 삼 주 전쯤이었을까. 우연히 친한 동생이 SNS에 올린 보랏빛 라벤더밭과 푸른 청의호수 사진을 보고 한눈에 마음이 뺏겨버렸다. 그 아름다운 전경을 보러 비에이와 후라노 지역으로 투어를 가는 날이다.

동생이 콕 집어 추천해 준 가이드, 존박을 닮은 쫜박 가이드와 함께한 투어. 그곳에서 정말 오랜만에 무언가에 몰입한 사람만이 풍기는 특유의 에너지를 느낄 수 있었다. 네 군데의 명소에 들를 때마다 오십 명 가까이 되는 손님을 포즈 가이드까지 해주면서 사진을 찍어준다. 다리를 양옆으로 쭉쭉 찢어가면서. 한두 명도 아니고 그 많은 인원을 말이다. 이렇게 매번 에너지를 다 쏟는 데 지치지 않을 리가 없다. 그럼에도 티 한 번 내지 않고 매 순간 마음을 다해 노력하는 모습이 손님인 우리에게 고스란히 전달되었다. 전달될 수밖에 없는 에너지였다.

오전 투어를 마치고 점심을 먹으러 가는 버스 안. 갑자기 손님들을 초대한 오픈 카톡방에 점심 맛집을 공유

하더니 각자 원하는 식당과 메뉴를 취합하기 시작한다. 오십 명 가까이 되는 사람들의 점심을 전화로 예약해 준 것이다. 덕분에 웨이팅을 해야 겨우 들어갈 수 있는 식당에 바로 들어가 갓 만든 따끈하고 바삭한 새우튀김을 맛볼 수 있었다.

왕복 다섯 시간이 넘는 버스 이동 시간이 지루할까 봐 라디오 '별이 빛나는 밤에'를 패러디해 '좐박의 별이 빛나는 삿포로'라는 코너도 진행했다. 일타 가이드답게 손님들을 빵 터트리는 멘트와 여행의 설렘을 배가시켜 주는 직접 선곡한 음악, 카톡 채팅방에 손님들이 남긴 사연까지 소개해 주는 감각까지. (무려 4부까지 진행되었다.)

무엇보다 가장 인상 깊었던 건 굳이 하지 않아도 될 저녁 식사 예약을 도와준 것이다. 투어에 포함되지 않은 저녁까지 책임지겠다며 단톡방에 맛집 리스트를 스무 개 가까이 보내더니 원하는 식당이 있으면 전화로 예약을 해드리겠다면서 버스 뒤에 앉은 손님부터 예약을 도와주기 시작했다.

'저 넘치는 에너지의 원천은 대체 뭘까?' 궁금했던 찰나에 투어를 마치고 삿포로로 돌아가는 버스 안에서 본인의 이야기를 들려주었다. 우연히 투어 전문 여행사의 가이드 공고를 보고 지원해 시작한 가이드라는 직업. 시작한 지 얼마 되지 않아 코로나로 일을 쉬게 되면서 안 해본 아르바이트가 없을 정도로 다양한 일을 했다고 한다. 그렇게 반년 정도 공무원 준비까지 하다가 문득 이런 생각이 들었다고 한다.

'내가 언제 가장 행복했지?'

수많은 아르바이트를 할 때도, 요리 전공으로 호텔에 취업해 셰프 밑에서 일할 때도 아니었다. 우연히 시작한 가이드 일을 할 때가 가장 행복했다는 사실을 그때 비로소 깨달았다고 한다. 사람들에게 추억을 선물해 줄 수 있어 보람을 느꼈고 그 점이 일에 몰입할 수 있게 했다고. 코로나로 가이드 일을 쉬는 동안, 이 일을 할 수 있음에 감사하다는 걸 깨달았기에 지금 이렇게까지 열심히 하게 된 것이었다. 몰입해서 할 수 있는 일이 있어 감사하고 행복하다고 말한다.

즐겁고 보람을 느끼지 못했더라면 하지 않았을 일이다. 누가 시키지도 않았는데 사비로 구입한 크고 무거운 고가의 스피커를 여기까지 가져와, 기차역 앞에서 스피커를 틀어놓고 길거리에서 춤을 추며 손님들에게 즐거움을 주는 일. 사람들이 가장 기대하는 명소인 라벤더밭에서 사진이 가장 잘 나오는 장소를 찾아 고가의 렌즈가 장착된 DSLR 카메라로 사진을 찍어주고, 투어를 마친 뒤 개인적인 시간을 할애해 손님들에게 일일이 카톡으로 사진을 보내주는 번거로움을 감수하는 일.

처음에는 재치 있는 입담과 넘치는 끼에 홀려 정신없이 웃느라 바빴지만, 시간이 지날수록 멋지고 대단하다는 생각으로 바뀌었다. 일에 모든 에너지를 쏟고 개인적인 시간까지 기꺼이 투자하는 모습을 보며 나 자신을 되돌아보게 되었다. 모든 일을 함에 있어 어떤 태도와 마음가짐으로 임해야 하는지를 가장 멋지게 보여준 사람이었다. 우연히 본 사진 한 장에 이끌려 엄마와 오게 된 홋카이도 여행에서 인생을 반추해 볼 기회를 만났다.

여기는 아빠랑 또 오고 싶네

이번 여행에서 가장 기대한 일정은 오타루에 있는 '고라쿠엔' 료칸에서 하룻밤 묵는 것이었다. 오타루 역에서 택시를 타고 료칸 입구에 도착한 순간부터, 체크아웃을 하고 역까지 데려다주는 셔틀버스를 타고 직원분과 마지막 인사를 나누며 헤어질 때까지, 모든 순간이 근사한 파노라마 사진처럼 남아 있다.

하룻밤 묵는 데 서울 한 달 월세에 맞먹는 부담스러운 금액이라 결제 직전까지 고민했지만, 살면서 누려본 최고의 서비스를 경험하고 나서는 고민이 탁월한 선택이었다는 안도감으로 바뀌었다. 한 번도 가보지 않은 나라나 도시를 여행하는 것을 좋아하는 엄마여서일까. 아무리 좋아도 같은 장소에 다시 와보고 싶다는 말은 잘 하지 않는데 이곳에서만큼은 예외였다.

체크아웃을 하고 셔틀버스를 기다리는 동안 일층 라운지에서 커피를 마시며 엄마는 말했다.

"여기는 또 와보고 싶네. 아빠랑도 와보고 싶고."

엄마와 거의 매년 여행을 다녔지만 다시 와보고 싶다는 말은 정말 오랜만에 들어본 것 같아 오기를 정말 잘했다는 생각이 들었다. 부담스러운 숙박비에 고민만 했더라면 결국 이곳에서의 경험을 누리지 못했을 테니까.

로비에서, 라운지에서, 료칸 안에 있는 공간 어디서든 마주칠 때마다 활짝 웃으며 반겨준 직원들. 엄마가 카메라를 꺼내 사진을 찍게 만든 아름다운 잔에 담긴 맛 좋은 커피와 생맥주 기계로 바로 내려주는 부드러운 삿포로 클래식 생맥주, 각종 차와 다과를 마음껏 먹으며 쉴 수 있는 라운지. 숲속에 들어와 있는 듯한 기분을 느끼게 해준 야외 노천탕과 사우나. 숙소 안 엄마와 단둘이 즐길 수 있는 작은 노천탕과 방 안의 작은 소품 하나까지 신경 쓰지 않은 것이 단 하나도 없었다.

완벽에 가까운 이곳에서 하룻밤을 보내며 한 가지 깨달은 게 있다면 사람들이 한 번씩 큰돈을 들여 좋은 것을 경험하려는 데에는 다 이유가 있다는 것이다. 사랑하는 사람과 함께 좋은 것을 경험하고 그 사람이 행복해하는 모습을 보며 함께 기뻐하는 것.

세상에는 아직 내가 접해보지 못한 근사한 것들이 많다는 사실도 새삼 깨달았다. 엄마의 바람대로 너무 늦지 않게 아빠와도 다시 올 수 있는 날이 오기를 바라며.

머리를 말리며 엄마의 세월을 보았다

이번 여행에서 엄마의 세월을 실감한 순간이 있었다. 대욕장에서 씻고 공용 화장대 앞에 나란히 앉아 머리를 말리던 중에 우연히 엄마의 검은 머리칼 속에 숨어 있는 흰 머리카락들을 보았다. 머리를 말리며 들춘 머리카락 속에는 멀리서도 선명히 보이는 흰 뿌리들이 검은 머리를 밀어내며 열심히 자라고 있었다. 속상하게.

　'우리 엄마도 나이가 들어가는구나.'

　쉬지도 않고 성실하게 흘러가는 세월을 원망했다. 매일 저녁 지친 표정으로 축 늘어진 머리칼을 말리고 있는 엄마를 보며 생각했다. 엄마의 시간이 나보다 조금만 더 천천히 흘렀으면. 나이가 들어가는 건 너무나 자연스러운 일이지만, 다 알고 있지만, 엄마가 늙지 않았으면 좋겠다고.

　나이가 든다는 것은 죽음과 헤어짐에 가까워지고 있다는 뜻이기도 하니까. 사랑하는 사람과의 영원한 이별은 미룰 수 있을 때까지 미루고 싶은 이기적인 마음이 든다. 나에게 없어서는 안 될 존재의 부재는 상상만으로도 깊은 허무감을 안겨준다. 세상에 영원한 건 없다는. 이러한 마음들로 인해 엄마의 세월을 마주할 때마다 어찌할 수 없는 슬픔과 무력감이 밀려오는 게 아닐까.

 엄마가 경험해 보고 싶은 것이 있다면 그게 무엇이든 늘 곁에서 함께하고 싶다. 가보고 싶은 곳이 있다면 나란히 발맞추어 걸어가 보고, 해보고는 싶지만 엄마 혼자서는 주저하게 되는 일이라면 용기 내어 같이 도전해 보고 싶다. 먹어 보고 싶은 음식이 있다면 망설이지 않고 옆에서 기꺼이 함께 맛보고 즐기면서.

 지금처럼 손을 맞잡고 거닐 수 있는 날들이 오래도록 이어지기를 바라는 작은 소망 하나를 품어본다.

노천탕 평상에 누워 나눈 대화

처음 경험해 보는 노천탕은 온천의 매력에 빠지기에 충분했다. 몸을 푹 담근 뜨끈한 물 위로는 시원한 바람이 불고 눈앞에는 울창한 나무와 푸릇한 식물들이 보인다. 평화로운 숲속에 들어와 있는 듯한 착각을 불러일으킨다. 눈을 감고 시야를 차단하자 잘 들리지 않던 새소리와 물소리가 스피커의 볼륨을 높인 듯 선명하게 들리기 시작한다. 이런저런 생각으로 일렁이던 머릿속이 편안하고 고요해진다.

온천물에 몸을 녹이다가 숨이 막힐 것 같은 기분이 차오를 즈음, 노천탕 옆에 놓인 대나무 평상 위에 큰 바디 타올을 하나씩 깔고 별이 잘 보이는 자리에 엄마와 나란히 누웠다. 어렸을 적엔 별을 자주 보며 살았던 것 같은데 요즘은 보기 힘들어서 정말 오랜만에 별을 보는 것 같다며 좋아하는 엄마.

"나이가 들면서 하늘을 올려다보는 일이 점점 늘어나는 것 같아, 현지야. 젊었을 때는 잘 보지 않았던 것 같은데 나이가 들수록 하늘을 자주 보게 되는 것 같네."

엄마가 고개를 들고 하늘을 바라보는 모습을 떠올려 본다. 왜 슬프고 아련한 마음부터 차오르는지. 밝고 긍정적인 엄마가 지금처럼 조용히 생각에 잠길 때면 평소와는 다른 모습에 괜히 마음이 쓰인다.

커피와 녹차 그리고 별사탕

하루에 커피 서너 잔은 기본으로 마시는 엄마는 숙소 라운지에서 제공하는 커피잔과 받침이 너무 예쁘다며 잘 열리지 않는 핸드폰 카메라를 켜더니 열심히 사진을 찍기 시작한다. '대학 4인방'이라고 적힌 카톡 단톡방에 고심해서 고른 사진을 보낸다. 엄마가 '직접' 사진을 찍고 그 자리에서 친구들에게 사진을 보낸다는 건 이곳이 정말 마음에 든다는 확실한 신호인지라 내심 기뻤다.

커피가 너무 맛있다며 연달아 두 잔을 마신 뒤, 차를 내려주신 분이 직접 내려주는 녹차를 마시기 전에 녹차가 쓸까 봐 같이 먹으라고 내어준 삼색 별사탕도 맛있다며 내 접시 위의 별사탕까지 남김없이 먹는다. 어린 시절의 기억을 품은 별사탕 앞에서 마음이 설렘으로 피어오른 듯하다.

고양이 세수

정성스레 준비된 두툼한 이부자리에서 푹 자고 일어난 아침. 눈을 뜨자마자 대충 얼굴만 씻고 잠이 덜 깬 몽롱한 상태로 엄마 손에 이끌려 이층으로 올라갔다. 숙소 안에서 둘만 즐길 수 있는 작은 노천탕에 들어가 벽에 등을 대고 엄마와 나란히 앉아 말없이 구름 한 점 없는 파란 하늘을 멍하니 바라봤다.

"엄마 따라 들어오길 잘했지? 아침에 시간 없다고 잠깐이라도 안 들어왔으면 이 좋은 걸 모를 뻔했네."

하루의 일정을 마치고 숙소 대욕장에서 몸을 녹일 때도 그렇고 지금도 그렇고 뜨끈한 물에 몸을 푹 담그고 피로를 푸는 엄마를 보면 내 묵은 피로까지 녹는 기분이 든다.

내 생애 최고의 쌀밥

조식을 먹으러 전날 예약한 시간에 맞춰 로비로 내려가니 기다리고 있던 직원이 식당으로 안내해 준다. 밖에서는 보이지 않는 안쪽으로 한참을 들어가면 나오는 식사 공간. 큰 통창을 통해 식탁 위로 비치는 햇살이 가장 먼저 눈에 들어온다. 안내받은 자리에 앉아 뜨거운 물수건으로 손을 닦으며 공간 구석구석을 눈에 담았다.

 아기자기한 식기에 음식을 하나씩 담아 내어준 정갈하고 소박한 한 상. 특히 쌀밥이 예술이었다. 연기가 솔솔 나는 따끈하고 찰기 가득한 윤기 나는 흰 쌀밥. 엄마는 이번 일본 여행에서는 음식이 입에 맞아서 신기하다고 말한다.

 이전에는 음식이 대체로 너무 짜거나 달거나 느끼해서 먹기 힘들었는데 이번 여행에서는 지금까지 먹은 모든 음식이 입에 잘 맞아서 너무 맛있게 먹고 있다고. 큰 딸이 맛집에 데려가 줘서 그런 것 같다며 기를 한껏 세워준다. 엄마가 맛있게 먹는 모습을 보면 그렇게 기분이 좋을 수가 없다. 삼십 년 넘게 매일 가족들 삼시세끼 챙기느라 고생하는 엄마.

밖에서 식사할 때만큼은 아직 맛보지 못한 음식도 마음껏 즐기고, 아무런 걱정 없이 편안한 마음으로 한 끼를 온전히 누렸으면 하는 딸의 작은 바람.

십분 안에 물건 고르는 법

오타루 운하를 보러 가는 길에 우연히 지나가게 된 로데오 쇼핑거리. 거리가 시작되는 첫 번째 매장에서부터 엄마가 멈춰 선다. 매장 앞에 나와 있는 에코백들이 엄마를 유혹하는 데 성공한 것이다. 매장 밖에서 하나, 안에서 두 개. 그렇게 마음에 드는 가방 세 개를 골라 매장 안 전신 거울 앞에서 번갈아 들어보며 이리저리 한참을 살펴본다.

"현지야, 어떤 게 제일 나아 보여?"
"나는 이게 제일 괜찮아 보이는데. 수납공간이 넓어서 이것저것 넣기도 좋고 소재도 고급스러워 보이네. 난 이거."
"그렇지? 엄마도 이게 제일 마음에 들어. 이걸로 해야겠다."

가방을 들고 계산대로 가니 나이가 지긋해 보이는 여자 사장님이 무표정한 얼굴로 펼쳐진 가방을 정성스럽게 한 땀 한 땀 접어서 손바닥만 하게 만들어 건네준다. 가방에 똑딱이가 달려 있어 사용하지 않을 때는 접어서 보관할 수 있는 수납하기도 쉬운 만능 가방이었다.

가게를 나온 지 삼십 초쯤 지났을까. 아까 못 산 부들부들한 촉감에 흰색 고양이 얼굴이 그려진 에코백이 아른거렸는지 그걸 사야겠다며 다시 가게로 돌아간다. 못 말린다, 정말.

사장님은 여전히 무심한 표정으로 가방을 이리저리 접더니 이번에는 작고 동그란 공 모양으로 만들어 건네주신다. 일본은 뭐든 작고 수납하기 좋게 만드는 재주가 있는 것 같다. "카와이데스네(귀여워요.)"라고 말하니 무표정한 얼굴에 작은 미소가 피어오른다.

가방 두 개를 들고 다른 가게를 구경하던 중, 인상 좋은 아저씨가 운영하는 가죽 가방 가게 앞에서 2차전을 시작한다. 에코백인데 손잡이 부분에 가죽이 덧대어 있는 걸 보고 눈을 반짝인다. 여기에도 고양이가 그려져 있다. 그렇게 십 분 만에 가방 세 개를 가뿐하게 구매한 쇼핑 장인, 임 여사님.

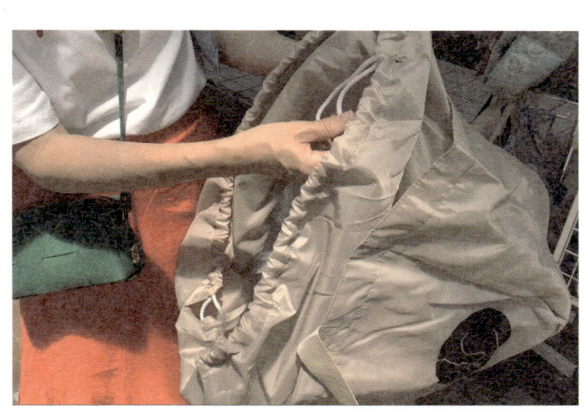

파란 대문과 오렌지색 치마

번화한 오타루 시내에서 벗어나 안쪽 골목길을 따라 들어가다 보면 만날 수 있는 카페, Chobicha. 위치를 보아하니 아는 사람만 찾아오는 곳인 듯하다. 'Chobicha'라고 크게 적혀 있는 입구 앞 간판을 지나 파란 문을 열고 들어가면 아날로그 감성이 짙게 묻어나는 차분하고 아늑한 공간이 펼쳐진다.

남자 사장님이 주방에서 나와 인사를 하며 자리를 안내해 준다. 원래 무심한 스타일인지 무심해진 건지는 모르겠지만 조금은 피곤한 얼굴을 하고 있다. 자리를 안내해 주며 건네준 코팅된 종이에는 다음과 같은 내용이 적혀 있다.

1. 다른 사람의 얼굴이 보이도록 사진 촬영을 하지 말아 주세요.
2. 주방은 찍지 말아 주세요.
3. 플래시를 터트리지 말아 주세요.

카페가 영화 〈윤희에게〉에 나온 이후로 사람들이 많이 찾아오긴 하나 보다. 촬영을 위한 세트장이 아닌 카페로 운영하고 있는 곳인데 플래시까지 터트리며 사진을 찍고, 쉴 새 없이 셔터를 눌러대니 스트레스가 쌓일 만큼 쌓여 이런 조치를 내린 것이 아닐지 짐작해 본다.

우리가 안내받은 자리는 〈윤희에게〉에서 윤희의 딸 새봄과 윤희의 첫사랑 쥰이 처음으로 만나 이야기를 나눈 자리였다. 채도 낮은 패브릭 재질의 녹색 의자와 검정 가죽 의자가 놓인 이인용 테이블. 가져간 후지 x100v의 필름 카메라 느낌과 잘 어울리는 공간이었다.

아이스 커피 한 잔, 카페라떼 한 잔, 그리고 입에 넣으면 사르르 녹아 없어지는 별 모양의 달달한 디저트 하나를 주문했다. 계산은 이곳의 아날로그 감성에 맞게 'Only cash'이다.

푸른 에메랄드빛의 잔에 담긴 따뜻한 라떼는 나무 컵 받침에, 투명한 유리잔에 담긴 아이스커피는 천으로 된 검정 체크 컵 받침에, 갈색 별 모양의 디저트는 손바닥보다 작은 유리볼에 담아 내어준다. 그 옆에는 엄마가 귀엽다며 연신 사진을 찍게 만든 뚜껑이 있는 투명 유리볼에 담긴 설탕, 작은 은수저, 꽃 그림이 그려진 프림과 시럽이 놓여 있다.

 작은 것 하나까지 세심하게 신경 쓴 마음이 느껴졌다. 어제 머문 고라쿠엔 료칸에서 마주한 섬세함을 여기서도 만날 수 있었다. 작지만 그 디테일의 힘을 아는 사람만이 만들어낼 수 있는 차이. 남다른 심미안을 가진 엄마의 입에서 쉴 새 없이 '귀엽다'라는 말이 나오게 만들었으니 말이다.

 이 집의 대표 메뉴는 포크로 두드리면 통통 튀길 것 같은 귀여운 팬케이크다. 든든하게 먹은 조식 탓에 배가 꺼지지 않아 팬케이크를 시키지 않은 걸 나중에야 후회하게 되었다. 계산을 하고 나가면서 입구 바로 옆 창가에 나란히 앉아 팬케이크를 먹고 있는 남학생들을 보고 엄마가 보인 반응을 보고서. 근사한 비주얼에 엄마도 모르게 '와!' 감탄하면서 눈을 떼지 못한 것이다. 남학생들도 이 상황이 당황스러우면서도 웃겼는지 머쓱한 표정을 지으며 웃는다.

이렇게 좋아할 줄 알았으면 그냥 시켜서 맛이라도 볼걸.

아쉬운 마음을 뒤로 하고 문을 열고 나서는데 가게의 파란 대문과 엄마의 선명한 오렌지색 플레어 롱스커트가 한눈에 들어왔다. 그 장면을 그냥 놓치고 싶지 않아 문 앞에 서보라고 하고서는 카메라와 아이폰의 셔터를 온 마음을 다해 눌렀다.

엄마의 가장 아름다운 순간을 담기 위해. 오랜 시간 간직하고 싶은 한 장의 장면을 위해.

택시 안 시계의 정체

"엄마, 어제 탔던 택시도 그렇고 방금 탄 택시도 그렇고 운전석 옆 좌석 발 놓는 곳에 내 눈높이에 딱 맞게 시계가 놓여 있더라고. 손님들 보라고 둔 걸까?"

"글쎄. 위쪽이 아니라 발밑 쪽에 둔 게 신기하긴 하네."

"운전석이랑 뒷좌석 사이에 가림막이 설치돼 있어서 잘 안 보일까 봐 아래에 둔 것 같기도 하고. 뒷자리에 앉은 손님의 시선을 고려해서 둔 거라면 되게 세심한 배려인 것 같아."

디지털시계가 아닌 건전지를 넣어야 작동하는 연식이 꽤 있어 보이는 오래된 검정 탁상시계였다. 그래서 그런지 더 정감이 갔고 시계를 발견한 두 번의 순간이 유난히 따뜻한 기억으로 남아 있다.

온천에 중독된 모녀

엄마도 나도 평소 온천을 즐겨하는 사람은 아닌지라 대욕장이 있는 숙소를 예약하면서도 의문이 들었다.

'과연 엄마랑 내가 대욕장에서 씻을까? 피곤하고 귀찮다고 안 갈 것 같기도 한데.'

역시 걱정은 미리 할 필요가 없다. 단 하루도 빼먹지 않고 야무지게 '퇴근 후 온천 라이프'를 즐기고 있으니 말이다. 일정을 마치고 숙소에 들어오자마자 숙소 전용 실내복으로 갈아입고 세안용품을 챙겨 대욕장으로 내려가는 것이 이번 여행의 루틴이 되었다.

개운하게 씻고 하루의 피로를 뜨끈한 온천물로 흘려보내는 맛을 알아버린 것이다. 엄마는 마지막 날 머무는 숙소에만 대욕장이 없는 걸 알고서는 벌써부터 아쉬워하고 있다. 여행 중 마사지로 피로는 푸는 것도 좋은 방법이지만 여독을 한방에 푸는 데는 온천만 한 게 없지 않을까.

하코다테행 기차에서의 잠 못 이루는 아침

아침 여덟 시 삼십삼 분 오타루 역 안. 오타루에서 삿포로, 삿포로에서 하코다테까지 총 다섯 시간을 이동해야 하는 대장정의 날이다.

하코다테로 넘어가는 기차 안에서 난생처음 겪는 일이 있었다. 출발하고 얼마 지나지 않아 기차가 좌우로 흔들리기 시작하더니 잠이 든 나를 가뿐하게 깨워버리는 게 아닌가. 놀이 기구와 견주어도 손색없을 정도의 흔들림. 지금 타고 있는 게 2024년도 기차가 맞는지 의심스러울 지경이었다. 좌석 뒤 공간에 세워둔 캐리어는 밀어 넣어도 계속 빠져나와 복도까지 침범하는 바람에 결국 자리로 가져와 다리 앞에 두었다. 안 그래도 좁은 자리에 다리 둘 곳까지 사라져 버린 것이다. 두 다리를 안고서 엄마는 말했다.

"현지야, 요즘 무궁화호도 이러니?"
"엄마, 무궁화호는 KTX에 비해서 시간만 오래 걸릴 뿐이지 승차감은 별 차이가 없더라. 이거랑은 비교할 게 못 돼."

속절없이 밀려오는 멀미에 잠이라도 자보려고 여러 번 눈을 감았지만 번번이 실패로 돌아갔다. 앉아 있음에도 자칫 잘못하면 중심을 잃고 땅바닥으로 떨어질 것만 같았다. 양손으로 의자 옆을 잡은 채 점점 말을 잃어갔다. 가방 안에 넣어둔 이마트 트레이더스에서 사 온 레몬 사탕을 슬며시 건네주는 엄마. 신맛으로 울렁이는 속을 겨우 달래본다.

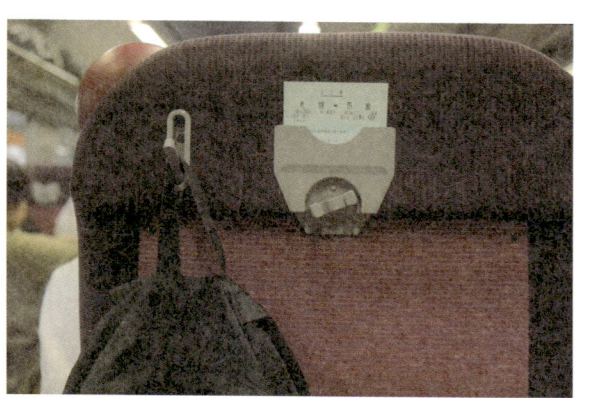

아카렌가 창고와 히치만자카 언덕

멀미와의 사투 끝에 다섯 시간을 달려 도착한 하코다테. 짐만 숙소에 맡기고 카네모리 아카렌가 창고로 향했다. 붉은 벽돌로 지어진 고풍스러운 건물들이 일렬로 늘어서 있어 이국적인 분위기를 풍긴다. 동양과 서양의 분위기가 절묘하게 섞여 독특한 매력을 발산하던 곳.

 이번 여행에서 카메라로 담은 엄마의 모습 중 가장 마음에 드는 사진을 바로 이곳에서 만났다.

아름다운 지형으로 유명한 히치만자카 언덕. 언덕으로 올라가는 길에는 아기자기한 꽃이 심어진 아담한 정원이 있는 주택과 일본에서는 보기 힘든 수도원이 있었다. 대부분의 주택과 건물이 파스텔 톤으로 칠해져 있어 보는 재미를 더했고, 마침 비가 부슬부슬 내려 한적하고 고즈넉한 마을의 분위기를 한층 더 깊이 있게 만들어 주었다.

언덕에 올라와 잠깐 구경만 하려고 걸어간 왼쪽 골목길에서 아름다운 것들을 마주했다. 하코다테 시내의 전경이 한눈에 보이는 공원, 귀여운 고양이 소품으로 가득한 중년의 남자 사장님이 계신 녹색 간판의 상점, 그리고 줄지어 있는 오래된 목조 주택들. 목조 주택 앞 작은 돌담 틈 사이로 자라고 있는 작고 푸른 잎들을 발견한 엄마는 너무 신기하지 않냐며 눈을 떼지 못한다. 시멘트나 돌 같은 식물이 자라기 힘든 곳에서 보란 듯이 무성하게 자라는 초록 잎들을 볼 때면 생명의 위대함을 느끼곤 한다.

사실 여행을 하면서 틈틈이 길을 찾고, 다음 장소를

물색하고, 근처에 어떤 식당이나 카페가 있는지 구글 지도를 보며 다니다 보니 여행 자체를 온전히 즐기기에는 무리가 있었다. 혼자 떠난 여행이라면 언제든 길을 잃어도 괜찮지만 엄마와 함께하는 여행에서는 최대한 변수를 줄이고 싶었다. 그런 마음 때문인지 더 자주 꼼꼼하게 길을 확인하게 된다. 엄마가 이곳을 온전히 즐기길 바라는 마음으로. 조금이라도 더 편하게 여행할 수 있기를 바라는 마음으로.

행복한 순간을 자주 마주하려 한다. 카메라로 엄마의 모습을 담으며 때로는 같이 찍기도 하고, 손잡고 나란히 걸으면서 평소에는 하지 못했던 이런저런 소소한 이야기도 나누고, 맛있는 음식 앞에서 마음껏 즐기고 웃으며.

여행을 마치고 돌아보았을 때, 함께 웃고 행복했던 순간들이 먼저 떠오르기를. 그때 엄마한테 왜 그런 말을 했을까. 왜 그토록 서운하게 했을까. 그런 후회가 마음에 남지 않기를. 시간이 지나도 빛나는 순간들로 기억되기를, 소망한다.

일본에서 누가 햄버거를 먹나요?

하코다테에서만 만날 수 있는 햄버거 체인점, 럭키삐에로. 하코다테에 오면 꼭 럭키 삐에로에서 교촌 오리지널 간장치킨과 흡사한 맛이 나는 차이니즈 치킨버거를 먹어봐야 한다며 안 먹고 가면 무조건 후회할 거라는 PPL스러운 글을 여럿 읽었다.

처음엔 '아무리 맛있어도 햄버거는 햄버거 아닌가? 일본까지 와서 햄버거 먹는 건 좀 아닌 것 같은데.'라는 안일한 생각을 했다. 주문한 차이니즈 치킨버거와 치킨 카레라이스를 남기지 않고 남김없이 싹싹 긁어 먹고 나서야 깊이 반성했다. 내 생각이 짧았다는 것을.

쫀득한 식감의 햄버거 빵에 퍽퍽한 살 하나 없이 부드러운 치킨. 닭다리살로 꽉 차 있는 간장 베이스의 소스가 입혀진 치킨은 교촌의 오리지널보다 소스가 튀김에 진하게 배어 있어 맛이 훨씬 깊다. 고소하고 쫀득한 빵, 부드러운 닭다리살로 만든 달콤짭조름한 치킨, 그 안에 들어간 마요네즈 소스와 신선한 양상추의 조합은 먹다가 벗겨진 튀김 옷까지 놓치지 않고 다 먹어버리게 만든다.

맛도 맛이지만 이 가게에서만 먹을 수 있는 특이한 조합이 있다. 탄산음료 대신 우롱차와 햄버거를 같이 먹는 것. 가장 인기 있는 메뉴인 세트 1번을 주문하면 차이니즈 치킨버거, 치즈가 올라간 감자튀김, 그리고 우롱차가 나온다. 익숙한 탄산음료를 시키고 싶었지만 여기가 아니면 먹어보지 못할 조합일 것 같아 그대로 시켜보았다.

놀랍게도 탄산음료보다 우롱차가 훨씬 깔끔하게 느끼함을 잡아준다. 지금까지 이 조합을 모르고 햄버거를 먹었다니. 이 좋은 걸 너희만 알고 지냈구나. 탄산음료의 청량감과는 또 다른 매력인 우롱차의 개운함. 주변을 둘러보니 단체로 주문한 듯 모든 테이블 위에 햄버거와 우롱차가 놓여 있다.

버거만 두 개를 주문하면 느끼할까 봐 다른 메뉴를 찾다가 구글 리뷰에서 이곳의 카레를 극찬하는 글을 보고 치킨카레라이스를 시켰는데 탁월한 선택이었다. 차이니즈 치킨버거에 들어간 치킨과 카레, 밥, 무장아찌가 함께 나오는 구성으로 카레 맛이 깊고 진해 치킨 없이 먹어도 충분히 맛있다. 물론 치킨이랑 같이 먹으면 극락 행이다. 햄버거 한 입, 카레 한 입. 햄버거를 먹다가 느끼하면 카레로, 그래도 느끼하면 우롱차 한 모금으로 개운하게 해결하면 된다.

   이번 여행에서 먹은 음식 중 세 손가락 안에 드는 럭키 삐에로에서의 한 끼. 사람들이 찾아가는 식당은 다 이유가 있는 법이구나.

엄마의 제안

어제 열 시도 안 돼 잠든 엄마는 벌써 옷을 다 입고 화장을 하고 있다. 새벽부터 눈이 떠져서 여유롭게 준비하고 있었다면서 푹 잔 덕분에 너무 개운하다고 한다.

"현지야, 아침에 고료가쿠 타워 전망대랑 공원에 가 볼까? 전망대에 올라가면 별 모양 요새였던 공원을 볼 수 있대."

일찍 일어나 오전에 어디를 가볼지 찾아본 모양이다. 이번 여행에서 엄마가 먼저 어디를 가보자고 제안한 건 처음이다. 어제 저녁까지 오늘 어디를 가보면 좋을지 혼자 고민하던 내가 신경 쓰였던 걸까. 택시로 십 분 거리로 멀지 않아서 오후에 삿포로로 돌아가기 전에 여유롭게 산책할 겸 가보기로 했다.

전망대에 올라가면 지금은 공원이 된 별 모양 요새의 전경이 한눈에 들어온다. 잘 가꿔진 벚나무와 분재들, 동그랗고 키 작은 나무들이 요새 바깥을 따라 일렬로 줄 서 있는 모습이 어찌나 귀엽던지.

마음에 안정을 가져다주는 초록빛 공원과 윤슬로 반짝이는 강, 그리고 푸른 하늘. 어제 비가 온 덕분인지 눈앞의 풍경이 더 진하고 선명하게 다가온다. 파란 하늘에 붓으로 그려 놓은 듯한 새하얀 구름을 한참을 바라봤다. 엄마와 손을 잡고 공원을 한 바퀴 돌며 무성하게 자란 나무의 초록 잎들을 눈에 가득 담았다.

버터 샌드와 커피 한 잔

제주 마음 샌드의 원조인 버터샌드를 판매하는 일본의 제과 브랜드 '롯카테이' 매장. 양옆으로 높게 뻗은 자작나무들이 줄지어 서 있는 길을 따라 들어가면 보이는 입구. 문을 열면 가로로 긴 통창 너머로 고료가쿠 공원의 전경이 펼쳐진다.

롯카테이의 가장 유명한 제품인 버터샌드와 수십 종의 디저트가 고풍스럽고 차분한 매장 분위기와 걸맞는 아름다운 패키지에 담겨 보기 좋게 진열되어 있다. 포장지에 그려진 파스텔 톤의 꽃 그림이 어찌나 아름답던지 근사한 오브제를 보는 기분이 들었다. 제품별로 하나씩 맛볼 수 있게 낱개로도 팔고 고급스러운 패키지에 담긴 선물용 제품들도 다양하게 판매하고 있었다.

엄마와 맛보고 싶은 낱개로 포장된 제품 몇 개와 선물할 빨간색 띠지가 둘러진 다섯 개입 버터샌드를 골라 계산대로 향했다. 계산을 마치고 돈을 거슬러 주면서 진한 분홍색 카드 한 장을 같이 건네준다. 매장 한쪽에 있는 카페에서 현금처럼 사용할 수 있는 포인트 카드라고 한다.

마침 낯개로 산 디저트를 커피와 함께 맛보고 싶어 가보기로 했다.

이인용 테이블 여섯 개와 사인용 테이블 세 개가 놓인 작은 카페는 오픈 시간인 열한 시에 맞춰 문을 열자마자 십 분도 안 돼 자리가 꽉 찼다. 매장에 들어올 때 혹시 몰라 카페 앞 웨이팅 리스트에 두 번째로 이름을 적어둔 덕분에 바로 자리를 잡을 수 있었다.

자리에 앉아 고개를 옆으로 돌리면 매장 한쪽 벽면을 가득 메운 고료가쿠의 전경이 한눈에 들어온다. 나무, 하늘, 강, 햇빛과 그림자. 자연이 인간에게 선물해 준 이 풍경보다 위대하고 아름다운 것이 있을까. 엄마도 나와 같은 생각이었는지 공원의 전경과 주문한 커피를 핸드폰의 한 화면에 담아 사진을 찍는다. 주문한 커피는 뒷전이고 카톡을 켜 방금 찍은 사진을 어딘가로 보내기 시작한다.

어제 저녁 햄버거를 먹고 나서 분위기 좋은 카페에서 커피 한 잔 하고 싶다는 엄마의 말이 마음에 걸렸는데 다행히 이곳을 마음에 들어 하는 것 같아 이제서야 좀 마음이 놓인다. 맛보려고 산 버터샌드도 너무 맛있다며 눈을 반짝인다. 지인들에게 나눠 줄 기념품으로 소화제나 약 대신 이걸로 다 사 가야겠다면서 매장을 나가기 전에 아까 산 선물용 다섯 개입 버터샌드 여섯 개를 더 사서 나왔다. '기념품 사기'와 '분위기 좋은 카페 가기' 미션을 한 번에 끝낼 수 있게 해준 고마운 곳. 안 왔으면 어쩔 뻔했는지.

내가 데려간 공간에서 엄마가 즐거워하는 모습을 마주한 순간, 내가 가고 싶은 곳에 가고 먹고 싶은 것을 먹을 때 느끼는 일시적인 행복감과는 다른 깊이의 뿌듯함과 보람이 밀려온다. 이전에는 느껴보지 못한 생경한 감정들. 나도 나이가 들어가는 탓일까. 이제는 아이처럼 좋아하는 엄마를 보면 애틋한 마음부터 올라온다.

한 바퀴 그리고 두 바퀴

푸릇한 공원을 한 바퀴 돌고, 롯카테이 매장에서 공원의 전경을 감상하며 버터샌드와 커피를 즐긴 여유로운 아침.

숙소로 돌아가려는데 엄마가 떠나기 아쉬웠는지 공원을 한 바퀴 더 돌자고 한다. 공원 바깥 마을로 연결되는 다리가 보이길래 건너가 보기로 했다. 공원 안이 아닌 별 모양을 따라 걸을 수 있는 요새 바깥쪽으로 난 길이었다.

강을 오른쪽에 두고 걷다 보니 아침에 걸었던 길에서는 볼 수 없었던 새로운 풍경이 펼쳐졌다. 강 위로 햇빛이 비쳐 반짝이는 잔물결, 기름을 바른 듯 매끈한 초록 잎의 연꽃, 미동도 없이 잔디에 앉아 광합성을 즐기는 갈매기 무리. 햇볕을 쬐며 여유를 만끽하는 모습에 웃음이 나왔다. 엄마도 보고 있었는지 한마디 툭 던진다.

"저 애들은 얼마나 살까? 다음 생에는 사람으로 태어나라, 애들아."

사람이든 동물이든 살아있는 생명에게 쉽게 연민을 느끼는 따뜻하고 여린 마음을 가진 엄마. 사랑이 많은 사람이 되는 것. 말처럼 쉽지 않다는 걸 알기에 엄마의 이런 모습을 볼 때마다 결심한다. 주변을 세심하게 살피며 세상을 애정 어린 눈으로 바라볼 수 있는 사람이 되자고.

어제 비가 퍼붓는 바람에 이탈리아의 나폴리와 홍콩에 이어 세계 3대 야경으로 유명한 하코다테의 야경을 보지 못했다. 기차를 타고 다섯 시간이라는 먼 길을 달려왔는데 날씨는 흐리고 숙소 가는 길에는 옷과 신발이 흠뻑 젖을 만큼 비가 많이 내려 엄마가 아쉬워하면 어쩌나 걱정이 많았다. 다행히 오늘은 해가 쨍하게 뜨고 기분 좋은 선선한 바람까지 불어 얼마나 다행인지. 덕분에 떠나기 전에 좋은 날씨 속에서 하코다테를 만끽할 수 있었다.

비가 와서 야경은 보지 못했지만 대신 운치 있는 아카렌가 창고와 아름다운 히치만자카 언덕을 눈에 담았고, 비가 온 뒤 맑게 갠 날씨 덕분에 청명한 하늘과 푸

룻한 나무를 보며 고료가쿠 공원을 산책할 수 있었다. 비록 야경과는 연이 닿지 않았지만, 그럼에도 엄마가 이 도시를 진심으로 좋아하고 즐기는 모습을 보았으니 하코다테에서의 이틀은 우리에게 더할 나위 없는 여정이었다.

책 읽는 사람들

삐걱거리는 기차 안. 왼쪽 좌석에 혼자 앉아 책을 읽고 있는 아저씨가 보인다. 오른손으로는 갈색 가죽 북커버에 싸인 책을 펼치고 왼손으로는 캔맥주를 들고 있다. 마시던 캔맥주를 잠시 테이블 위에 내려놓고, 비어 있는 옆자리 의자 위에 올려둔 캐러멜을 바스락거리며 까먹고 있다. 창가에 수북이 쌓여 있는 캐러멜 껍질이 족히 열 개는 되어 보인다.

한손에 들어오는 350mL짜리 작은 캔맥주를 홀짝홀짝 마시면서 글자가 세로로 적힌 작은 문고본을 읽는다. 재킷은 앞 의자에 있는 옷걸이에 가지런히 걸어둔 채 흰 반소매 와이셔츠에 검은색 양복바지, 검정 구두에 발목이 보이지 않는 회색 양말을 신고서. 네 시간이라는 긴 시간 동안 기차 안에 있어야 하는데 신발도 벗지 않고 단정하게 옷매무새를 유지하고 있는 모습. 벗고 있던 흰색 나이키 운동화를 조용히 다시 신게 만든다.

목을 최대한 뒤로 젖혀 맥주의 마지막 한 모금을 들이켜는 아저씨. 뒤이어 또 한 번 들리는 바스락거리는 소리. 대체 무슨 캐러멜이길래 한 봉지를 다 드시려고 하는 걸까. 자꾸 힐끔거리는 건 예의가 아닌 것 같아 아쉽지만 궁금증으로 남겨 두기로 했다.

여행을 하면서 종이책을 북커버로 정성스럽게 감싸서 읽는 사람들을 여럿 보았다. 오늘 아침에 들렀던 롯카테이 매장 안 카페에서도 육십 대쯤 되어 보이는 여성분이 동그랗고 포동포동한 팬케이크와 커피 한 잔을 시켜놓고, 천으로 된 베이지색 북커버로 감싼 책을 읽고 계셨다. 왼손으로는 책을 들고, 오른손으로는 커피를 마시며 팬케이크를 한 입씩 먹는 모습이 인상적이었다. 나의 육십 대도 저런 모습이면 좋겠다는 생각이 들게 만든 하코다테에서 만난 책 읽는 사람들.

배는 부르지만 동그리빵은 먹어야 해

저녁으로 양고기를 배불리 먹고 안 파는 물건이 없는 메가 돈키호테 매장에 들러 기념품을 사서 숙소로 돌아가는 길. 작년에도 친구들과 삿포로에 왔던 엄마는 그때 묵었던 숙소 근처를 지나며 문득 떠오르는 곳이 있다며 이야기를 꺼냈다.

"여기 근처에 전에 아줌마들이랑 묵었던 숙소가 있는데 바로 옆에 있는 빵집에서 아침을 먹었었거든. 가게 이름은 기억이 안 나는데 무지 맛있게 먹었던 게 생각나네."
"열었나 가볼까?"
"그럴까? 시간이 늦었는데 아직 열었으려나."

평소 같았으면 아니라며 괜찮다고 했을 텐데 이번에는 가보고 싶은 눈치다. 빵을 사랑하는 엄마를 위해 구글 지도에 호텔 이름을 찍고 무작정 가보았다. 다행히 호텔 바로 옆 일층에 환하게 불이 켜진 빵집 '동구리(DONGURI)'가 보인다. 잘 기억은 안 나지만 그때 맛있게 먹었던 게 이 빵이었던 것 같다며 동그랗고 노란 옥수수빵 하나와 부드러워 보이는 카스테라 하나를 고른다. 숙소에 도착하면 작년에 같이 왔던 친구들한테 보내줘야겠다면서 매장 입구와 빵 사진을 찍는다.

침대 옆 작은 간이 책상에 앉은 엄마는 배부르니 맛만 보겠다며 옥수수빵을 뜯기 시작한다. 먹기 전에 사진을 찍어 친구들이 있는 단톡방에 먼저 보낸 뒤, 한 입 먹더니 이 빵이 맞다며 좋아한다.

"아이고, 내가 미친다. 그 큰 거 하나를 다 먹었네."
"잘했어, 엄마. 바로 먹어야 맛있지. 내일 먹으면 그 맛이 안 나."

배는 부르지만 아줌마들과의 추억이 담긴 동구리 빵은 먹어야 했던 빵순이 엄마, 은경.

은경의 루틴

일주일간의 여행을 마치고 서울로 돌아가는 날 아침. 삿포로 신치토세 공항에 도착하자마자 비프 카레로 든든하게 배부터 채우고 후식으로 디저트가 먹고 싶어 두리번거리다 줄이 길게 늘어선 매장 하나가 눈에 들어왔다. 치즈 타르트와 소프트 아이스크림을 파는 가게로 소프트 아이스크림으로 상까지 받은 유제품 디저트로 유명한 곳이었다. 치즈 타르트 하나를 포장해 엄마와 나눠 먹었는데 세상에서 가장 행복한 두 입이었다. 엄마 두 입, 나 두 입.

몇 년 전 현대백화점 판교점 식품관에서 베이크(BAKE)의 치즈 타르트를 먹고 첫입에 반한 기억이 있다. 판교에 갈 때마다 꼭 사서 먹곤 했는데, 그때 먹었던 것보다 오늘 먹은 타르트가 훨씬 더 강렬한 첫 입이었으니 인생 타르트라고 말할 수 있지 않을까.

한입 베어 물자마자 치즈의 고소한 풍미가 입안 가득 퍼지면서 눈으로 봐도 크림인지 치즈인지 분간이 되지 않을 정도로 부드러웠다. 겉은 바삭하고 속은 촉촉한 디저트의 정석을 보여주는 완벽에 가까운 타르트였다.

앞으로 몇 년간은 키노토야(KINOTOYA)의 치즈 타르트보다 맛있는 타르트를 맛보긴 힘들지 않을까.

타르트를 먹고 남은 만 원으로 엄마의 루틴을 위해 삼천오백 원짜리 커피 한 잔을 샀다. 밥을 먹고 나서 커피와 빵을 먹어야 하는 루틴. 맛에 상관없이 못 먹으면 괜히 짜증이 나기 때문에 깨지면 안 된다는 나름의 철칙이 있다. 우리가 탈 인천행 항공기 탑승구 앞 의자에 앉아 방금 산 커피와 어제 저녁 동구리 빵집에서 산 카스테라를 가방에서 꺼내 먹는다.

어제 산 빵 두 개가 생각보다 커서 언제 다 먹을까 싶었는데 반나절 만에 사라졌다. (나는 한 입도 먹지 않았다.) 생전 처음 장염에 걸려 살도 많이 빠지고 잘 먹지 못하는 엄마를 보며 걱정이 많았는데 이렇게라도 잘 먹는 걸 보니 안심이 된다. 많이 먹어도 좋으니 지금처럼만 잘 먹고 건강한 엄마로 남아주기를.

여행을 마치며

엄마와 함께한 일주일. 앞으로 같이 여행할 수 있는 날이 얼마나 더 남았을까. 며칠 전에 엄마에게서 카톡 메시지 하나가 왔다.

"어제 TV를 보는데 떠나는 마지막 순간에 누구에게 마지막 말을 남기고 싶냐는 질문을 하더라. 그래서 엄마도 생각해 봤어. 당연히 아빠일 줄 알았는데 우리 큰 딸이 먼저 떠오르더라고."

"어떤 말을 남기고 싶을 것 같아?"

"많이 고마웠다고."

인생은 여행 아니면 사랑이라는 말을 믿는다. 1992년 6월 4일, 엄마와 나의 여행이 시작된 날이자 처음으로 사랑을 마주한 날.

떠나는 마지막 순간에 엄마에게 딱 한 마디 남길 수 있다면 나는 어떤 말을 전할까.

글을 쓰는 것만큼 사진 찍는 걸 좋아한다.
어느 유명 사진가의 인터뷰를 읽은 적이 있다.

그분은 사랑하는 것을 찍으라고 했다.
이번 여행에 들고 간 카메라에는
엄마의 사진으로 가득 차 있었다.

이것이 나의 대답이었다.

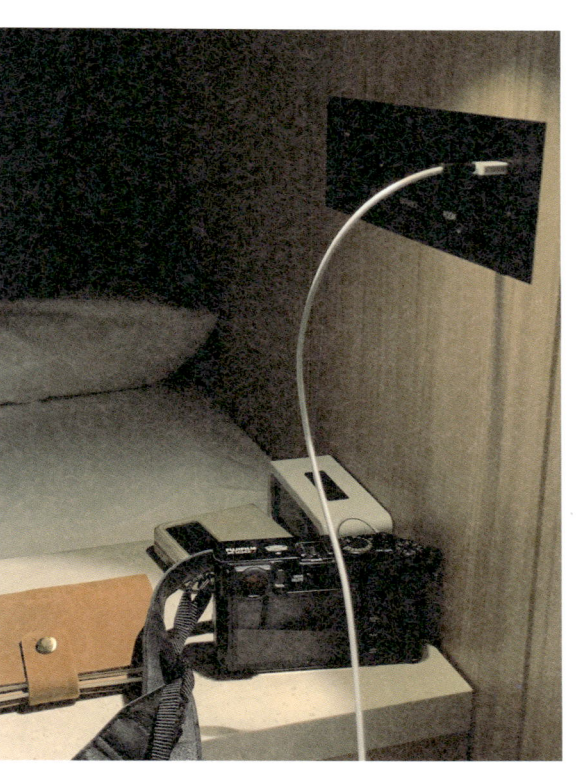

엄마의 말

때로는 친구 같고 때로는 언니처럼 기댈 수 있는
딸, 현지에게

이번 일주일간의 홋카이도 여행이 엄마에게 멋진 여행이 되게끔 모든 걸 세심하게 준비해 줘서 고마워. 엄마가 혹시라도 힘들지는 않을까 동선 하나하나까지 신경 써주고, 엄마를 예쁘게 담아주려고 사진기까지 준비해 오고.

무언가를 결정할 때마다 늘 의견을 물어봐 주고, 모든 걸 엄마에게 맞춰주려고 마음 써줌에 미안하고 고마웠어. 이번 여행도 최고의 여행 메이트인 딸과 함께 할 수 있어 정말 행복했어. 덕분에 멋진 추억이 하나 더 늘었네.

평생 잊지 못할 거야. 많이, 정말 많이 사랑한다, 딸.

P.S. 딸, 우리 다음엔 또 어디로 떠나볼까?

엄마, 은경

ⓒ 정현지 2025

초판 1쇄 발행	2024년 8월 23일
초판 2쇄 발행	2025년 5월 15일

글 · 사진	정현지
편집 · 디자인	정현지

발행처	선과 여백
출판등록	2025년 2월 18일 제 2025-000019호
전자우편	breathinspace@naver.com
인스타그램	@breath_in_space

ISBN	979-11-991666-1-5(02800)

책의 일부 또는 전부를 사용하려면 반드시 저작권자의 동의를 받아야 합니다.